School Shadow Guidelines

学校影子老师简明手册

［新加坡］廖越明（Alex Liau W.M.）
［美］杰德·贝克（Jed Baker, Ph.D.） / 著
秋爸爸　任文心 / 译

华夏出版社
HUAXIA PUBLISHING HOUSE

王 序

这本书虽然薄，却浓缩了影子老师工作的精华，每一句都是精华。

语言简洁通俗易懂，译者翻译得很通顺，秋爸爸不愧是红皮书的译者，里边涉及的专业术语翻译很得准确，读起来不费力，知道作者在讲什么，用的方法是指什么，而不用去想"他在讲什么，他指的是什么"。

该书开篇解释了影子老师的角色职责和理念，用偏描述性的语言讲述影子老师是在一线用专业知识帮助残障学生的人，不是制定计划但是具体执行计划、离学生最近协助学生的人。影子老师的专业性体现在为学生提供适量帮助，最终让孩子在自然环境支持下实现自我管理，而非代替学生做事、让学生只是依赖于影子老师。影子老师是教育者，要教会孩子应对挑战的方法，不是纪律监督员。理念还特意讲到影子老师控制负面情绪的能力，会决定对孩子的教学效果和孩子们对老师的信任程度。所以要做好影子老师的工作，一定是帮助孩子，教导孩子，而不是当监工当保姆。

该书从为孩子入学做准备、提供指导、强化方式、行为管理、社交技能、逐渐撤离的步骤和关键点这七个切入点，使用图文并茂的方式讲解了每一个切入点使用到的策略，包括视觉策略、强化策略、惩罚策略、代币制、五级情绪管理、社交故事、前事控制、同伴介入（培养"小帮手"）、辅助撤离、功能性沟通训练（教孩子表达自己）、应急处理等。有的策略详细讲述，如视觉策略、强化策略、代币制、前事控制和社交故事。有的是略讲，一带而过，如同伴介入、功能性沟通训练、应急处理（孩子扰乱课堂情绪不稳可以带离课堂），如果阅读者想详细了解，需要查阅相关资料进行补充。

书中提到的各种工具及解释都在书后边的附录里列出来了，包括代币制、视觉化时间表、社交故事、愤怒管理辅助工具和 ABC 分析表格，非常详细，可以直接拿来用，或者根据孩子情况做一些改动就可以用。

我读这本书时很有代入感，读每一页每一句话时，我的脑海里都会浮现出类似的工作场景，尤其是在角色职责、理念和一些注意事项时很有共鸣。看来，正确的理念、科学的方法无国界，都是相通的。该书是新加坡实施的一个孤独症干预项目的工作人员指导手册，新加坡在文化上与中国有很多相通之处，所以这本书基于的校园文化背景会跟国内校园环境更接近。

我建议使用这本书的专业工作者或者家长注意以下几点：

1. 要注意本土化的问题。虽然新加坡的文化与中国近似，但手册中有些策略依然要注意本土化，结合自己孩子所在家庭和学校的实际情况灵活使用。也要评估某些策略在国内校园中实施的可能性，不要照搬书中的策略，更不建议家长或影子老师在没有事先与学校充分沟通的情况下直接要求老师用书中的策略。例如在任务目标"提供指导"的"在课堂上"这个环节，书中举了"在课堂上大声朗读"的例子，其中有"为孩子制作专用的课本，任课老师要批准确定"的策略，这个策略需要影子老师或者项目负责人跟学校老师沟通，实施起来有难度，可以尝试，但不是必须做；再比如，"让任课教师知道孩子走神了，并请教师要求孩子自己翻开书"这个策略，也是需要影子老师跟任课教师合作才能实现，需要项目负责人和家长跟老师沟通，征得老师的配合和支持才能做到。附录中"视觉化任务流程图"呈现了"我的早晨日常任务流程"，这个流程要根据家庭的生活习惯制定，可以替换跟自己生活习惯不相同的图片，例如中国家庭并不习惯早晨洗澡，所以可以换成符合自己家生活习惯的图片，也可以使用孩子的实拍照片制作视觉流程图。

2. 无论是有经验还是新手的影子老师，建议使用这本书时要知其然并知其所以然，厘清里边的专业术语，不能停留在一知半解的层面。要按照书中的操作步骤和图示里边的箭头指示，通过反复实践来理解里边的每一个策略，先读厚再读薄。这本书通篇没有提到应用行为分析（ABA），但是里边大多数策略是应用行为分析的策略。没有系统学过应用行为分析的专业人士还是应当补足这方面的专业知识，结合教学实践会更好地理解和使用该书。

3. 请注意里边讲到的案例。通过文字描述可以初步判断，个案多是能力较好的孩子。书中提到的策略，例如社交故事和五级情绪管理，需要学生有一定的认知理解能力才能进行教学。即便是代币制，也是理解能力较好的学生使用效果才更好。在实际工作中，我遇到不少中度甚至中重度的孩子也到普校来接受融合教育，但并不是使用书中的策略学生就会习得相应的技能，孩子本身的能力基础是很重要的影响因素。因此，建议影子老师或者家长客观评估孩子的能力水平，根据学生的实际能力水平个性化使用本书中的策略。

4. 建议全面看待社交技能。社交≠交朋友。对于特殊需要儿童来讲，遵守社会规范要比跟同学互动交朋友更重要。书中"社交技能管理"这一部分的第一个社交目标就是"保持社交距离尊重他人"，第二个社交目标是"教孩子表达自己"，第三、第四个目标才是同伴介入，包括同伴之间的互动和找"小帮手"。所有策略都需要学生具备先备技能才能使用，社交技能也不例外。例如同伴介入，需要学生对同学有关注、共同注意、回应同伴、跟随模仿同伴、礼貌问候老师同学、恰当方式提要求和求助等先备技能，才能开展同伴介入。如果孩子并不具备基础的社交技能，我想所谓的同伴介入就会变成学生由影子老师全辅助并且代替学生进行互动了。

5. 一定要注意书中的"注意"和很多细节的建议。这些"注意"提到很多在使用策略时的关键点，需要不断在实践中体会，细节决定成败。例如在"任务目标：行为管理"这个内容中讲到如何进行情绪崩溃和行为失控的管理，当学生的情绪等级上升到三级时，可以使用"转移关注点"的策略，就是我们通常讲的转移注意力。文后的"注意"提到这种策略只是临时应急办法，不希望让孩子养成逃避任务的习惯。所以应对逃避任务的最好办法是降低任务难度、任务量和提供休息时间，而不是转移注意力。再比如在"逐渐撤离的步骤"中，书中描述了辅助强度逐渐降低、距离逐渐拉远和服务时间酌情改变这三个关键的撤离步骤，建议影子老师在撤离时要在细节上体会"逐渐"和"酌情"的含义。

　　写到这里，我的推荐序接近尾声了，我的目光停留在"团队合作"这个章节内容上思绪万千，因为国内融合教育专业人员的人手极其紧张，我们团队的老师都身兼数职，既是治疗师又是项目负责人，与普校老师和家长保持沟通合作，指导团队的一线老师执行教育计划，还会直接承担起影子老师的工作任务，直接进到课堂和资源教室支持学生。也许在不久的将来，我们也能逐渐形成比较完备的团队，未来可期。

　　最后，感谢华夏出版社又引进了一本好书给国内的读者，给我写推荐序的机会，愿这本书伴影子老师和家长们左右，在支持孩子接受融合教育的路上发挥积极作用。

王建丽
北京市公立学校入校支持督导教师、认证应用行为分析师（BCBA）
2022.9.14

李　序

我曾在机缘巧合之下，有过两次做影子老师的经历，两个孩子，两所学校，每个孩子一天。虽然时间很短，却印象深刻。

那两天的经历影响了我很多想法。直到现在，我依然认为，影子老师是融合教育环境中，所有专业教师中最具挑战性的职业。

首先，"影子老师"有个前缀——"影子"。对，就按字面意思理解，如影随形，老师要像影子一样全天跟着学生，陪伴学生度过在学校中点点滴滴的生活。虽然后期影子老师会逐渐撤离，但是时刻关注还是少不了的。那意味着什么呢？如果你是影子老师，你可能不能随心所欲地站立、溜达、说话，甚至不能随心所欲地喝水、去厕所，你会在拥挤教室的一角，坐在一个小凳上度过一节又一节课，或是突然爆发全力去追跑出教室的学生。所以，影子老师令我印象深刻的第一个挑战是：得有随时准备好的体力。

其次，在学校环境中，周围的一切不是静止的，老师、同学、突然到访的客人，都会让环境充满变化。那么，作为随时需要辅导学生的影子老师就要帮助学生应对、处理这些变化，以及变化中无处不在的人际交往。好的影子老师，往往与各科老师、班级同学，甚至同学的家长相处融洽，能为影随的学生营造一个积极、友好的人际环境，发展融合教育环境中至关重要的社交技能。所以，影子老师令我印象深刻的第二个挑战是：得是临场反应最快的"社牛"。

最后，回归到"影子老师"的中心词——老师。是的，影子老师首先是"老师"，重点也是"老师"，那就意味着他/她不能只是看着学生什么都不做，不能只是"影子"。

作为教师，并且是将计划、措施落实到实践中的专业教师，他/她需要掌握一系列专业技能。这可能也是作为影子老师最重要的挑战：多种专业技能在不同场景中的应用。这种挑战同时也是影子教师作为一种专业职业的底线，是影子老师在学校中处理各种问题的底气。只有掌握并应用专业技能，才能让影子老师更加从容地预防、应对、处理各种常见问题和突发情况，节省体力，以及更加有效地帮助学生发展出社交沟通、情绪管理、问题解决等各种学校适应性技能。

那么，在学校中，影子老师需要在哪些方面提供支持、帮助学生做好准备？又有哪些策略与专业工具可以使用？如何使用？作为奔忙在"前线"的教师，我们需要更直接、更形象、更具操作性的参考书。

在看到《学校影子老师简明手册》这本书时，我是欣喜的，甚至一口气一字不落地读了两遍。它首先是一本非常易读的书，图文并茂，有说明、有案例、有工具，是我们在实操时可以随时拿起来就用的一本实用手册。

书中的内容有我特别欣赏的地方：它强调了影子老师的角色职责和工作理念，明确地告诉读者，影子老师是有自身定位和教育目标的专业教育者。书中提供了诸多能够帮助影子老师成为专业教育者的策略和工具，指导影子教师如何为学生入学做好准备，如何为学生学习提供指导，如何选择并使用合适的强化方式，如何对学生行为、社交技能进行管理，以及如何逐渐撤离等。同时，书中分享了综合使用这些策略的案例，并且细致地附上了代币经济、视觉化时间表、社交故事、情绪管理工具等常用策略，工具的制作、编写方法与样例。

这是一本值得读、能够用的书。

书中没有太多冗繁的语言、华丽的辞藻，通篇简单、直接、明了，一如影子老师在学校中的状态——"像影子一样的老师"，TA 不夺目、不花哨却不可或缺，更重要的，TA 是专业的。

李晓娟
西城区教育学院融合教育中心教研员、高级教师
2022.9.20

目录 contents

- 1   影子老师的角色职责
- 3   理念
- 4   团队合作
- 8   任务目标：为孩子入学做准备
- 10   任务目标：提供指导
- 14   任务目标：强化方式
- 17   任务目标：行为管理
- 27   任务目标：社交技能管理
- 30   任务目标：逐渐撤离的步骤
- 32   任务目标：关键点
- 33   案例研究
- 40   附录 A：代币经济
- 42   附录 B：视觉化时间表
- 47   附录 C：社交故事
- 59   附录 D：愤怒管理辅助工具
- 62   附录 E：ABC 分析
- 64   译后记

*关注微信公众号"华夏特教"，即可在线浏览或下载本书参考文献。

致 谢

诚挚地向苏勇豪（Soh Yong Hao）表示感谢，感谢为本书做出的贡献。

影子老师的角色职责

▶ "影子老师"、"助理"、"辅教",这几个用作职业称谓的词,通常可以互换使用。只不过,基于不同的岗位,这几个称谓有时可能意味着各自任务角色所需的教育程度而有所差异。本书虽然只使用"影子老师"这个词,但在含义上等同于另外几个称谓。"影子老师"是我们在新加坡实施的一项名为"培养箱计划"中使用的术语,这是一个孤独症学生干预项目,我在这个项目中担任咨询督导,帮助该项目的工作人员开发了这本指导手册,这些工作人员在各自的学校中作为"影子老师"为孤独症孩子提供服务。

▶ 影子老师身处帮助残障学生的第一线。在学生的课业、社交和行为方面,他们虽然并不负责创建支持计划,但是通常都要担负起学生在校期间这些支持计划的具体执行工作。影子老师提供的服务是为学生建立基本的安全保障,并支持学生成功地达到学业要求和社交要求。

▶ 针对学校的需求制定矫正和适应计划,这项工作通常是由教师、行为学家、咨询顾问和学习专家组成的一个团队来做,也会联合家长或许还包括学生本人共同参与。然而,协助学生执行各项矫正任务,辅助学生掌握新技能,对学生的某个行为进行奖励,监测干预进度,等等,这些工作往往都会落到学校影子老师的肩上。从影子老师这个称谓上我们就可以看出,在学生需要时,影子老师可以"如影随形"地在他身边。当学生想调整、集中注意力或者太过沮丧而需要更多帮助或需要休息时,影子老师可能是第一个发现者。

▶ 虽然孩子最初时可能非常依赖影子老师的帮助,但是我们的最终目标是帮助孩子走向更加独立的生活。影子老师不是为孩子做事,而是提供适量的帮助,让孩子自己去做事。

▶ 在提供了一段时间的服务之后,影子老师的任务目标应该是教会孩子做好自我管理,而不再只是依赖于影子老师。这个任务的内容一般包括教孩子学会如何寻求帮助和申请休息,教孩子学会使用视觉辅助工具或其他提示系统。这样,最终就有可能使得影子老师的辅助和提示最小化。影子老师的任务目标可能还涉及创建更为自然的支持系统,使得服务对象可以通过同伴来获取帮助,而不是仅仅依靠影子老师。

杰德·贝克博士

理念

- 我们是教育者，不是纪律监督员。我们的工作是帮助孩子完成学业，并学会如何应对自己所面临的挑战。

- 尽管有一些孩子可能会任性地做出些具有挑战性的行为，但我们认为，这些行为之所以会出现，只是因为他们没有更好的办法。因此，我们要努力教给他们应对困难的好用的方法。

- 我们对孩子的教学效果，以及孩子对我们的信任程度，取决于我们对自己负面情绪的控制能力。与其因为害怕而向孩子退让，或者因为生气而恼怒，还不如去搞清楚孩子的困难究竟在哪里，并教给他们如何更好地应对困难的方法。要教会他们一项应对挑战的新方法，有的可能需要花几分钟或几个小时，有的要花几天，还有的甚至要花上几个月的时间。

团队合作

▶ 至关重要的一点是：任课教师、你、孩子的家人，以及其他相关专业人员，必须密切合作，才能帮助孩子成功融合。（史密斯，2004）

治疗师的职责

- 入学时，与任课教师沟通交流，就孩子的行为和需求进行讨论。
- 对孩子可能需要使用的各种视觉辅助工具或其他支持形式进行讲解介绍。
- 在引入一种新的支持工具（例如视觉辅助材料）并提供给任课教师使用之前，务必先征得任课教师的同意。
- 提前获取相关课程和学校活动的材料或信息，以便帮助孩子更好地准备，避免因发生突发事件而导致崩溃。（例如：如果突击测验会引发孩子的情绪崩溃，那么就请任课教师提前透露测验的日期。）
- 持续记录孩子的在校表现。

  使用沟通簿或者电子邮件与家长保持沟通，坚持定期更新孩子的在校表现，文字表述清晰而恰当。

  若有任何重要信息（例如：家庭作业或者需要签字的知情同意书）需要向家长传达时，应该打电话或者发短信。

项目负责人的职责

- 与任课教师、学校人员、家长以及治疗师一起为孩子制定IEP（个别化教育计划）。
- 与学校人员、家长和治疗师开会商议，审核孩子的学习进度。
- 确保孩子的干预策略能够与时俱进，并且切合实际。
- 监督治疗师的干预行为和表现。

任课教师的职责

- 与学校人员、家长、治疗师以及其他相关专业人员一起为孩子制定IEP（个别化教育计划）。
- 与学校人员、家长、治疗师以及其他相关专业人员开会商议，审核孩子的学习进度。
- 使用鼓励性的语言，确保予以大量的正向强化（例如奖励和表扬）。
- 确保能够在课堂上运用（此前集体讨论确定下来的）策略来强化孩子的积极表现。

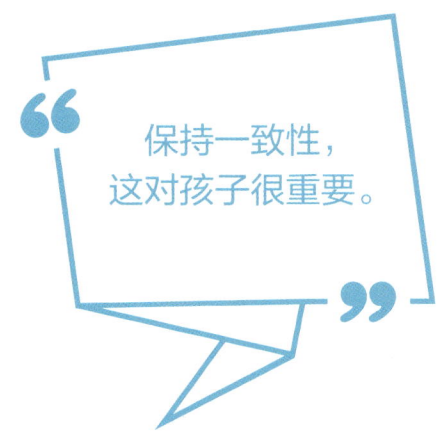

保持一致性，这对孩子很重要。

学校人员的职责

- 与任课教师、家长、治疗师以及其他相关专业人员一起制定孩子的 IEP（个性化教育计划）。
- 与任课教师、家长、治疗师以及其他相关专业人员开会商议，审核孩子的学习进度。
- 使用鼓励性语言，确保予以大量的正向强化（例如奖励和表扬）。
- 可能要对课程内容进行调整，以满足孩子的需求。
- 考虑孩子的特殊需求，将其安置在适宜的环境（例如：如果孩子无法忍受身处嘈杂人群或者巨大噪声中，那么在学校集会时可以安排他留在安静的地方），这会极为有助于缓解孩子的焦虑。

家长的职责

- 与教师、家长、治疗师和及其他相关专业人员积极合作。
- 与教师、家长、治疗师和其他专业人员一起审核孩子的进步情况。
- 使用鼓励性的语言，确保在家里也能予以大量的正向强化（例如奖励和表扬）。
- 实施治疗师或项目负责人正在执行的或推荐的干预策略（例如：每天带孩子阅读社交故事，并始终如一地坚持使用日程时间表和视觉化日历）。

"我们的目标是
制定并运用视觉策略
为每个学生
提供沟通上的支持,
从而改善他们的生活。"

琳达·霍奇登
(Linda Hodgdon, 2001)[1]

---

1. 编注:琳达·霍奇登著有《促进沟通技能的视觉策略》(Visual Strategies for Improving Communication)、《解决问题行为的视觉策略》(Solving Behavior Problems in Autism),中文简体版均由华夏出版社于2019年出版。

任务目标
为孩子入学做准备

如果孩子入学之前未曾受过相关指导，那么，你需要进行引导，帮助他做好入学准备。请注意以下这些内容。

 学校流程

- **视觉化时间表**有助于学生掌握日常生活技能和学业技能，也有助于减少其不当行为的发生。它对那些在语言理解方面存在困难的孤独症学生特别有帮助。视觉化时间表可以让抽象的概念变得具体化，不仅能够在上面清楚地标出已经完成的任务内容，而且能够借此明确地指示接下来需要开展的任务活动（马克斯等人，2003）。

- 如有可能，应该提前获取课程表，并使用不同的颜色标识将其绘制出来，以便更好地提供视觉化效果。

- 课程表应该便于随身携带，其大小应可以放入孩子的铅笔盒中。

- 使用不同的视觉化时间表来分别提示活动转换和任务流程。用一个时间表提示每天的日常活动，用另一个时间表提示整个一周的活动内容。（参见附录B）

任务目标：为孩子入学做准备 | 9

活动转换

在与孩子开始一起工作的第一天就需注意以下事项。

――（ 课　程 ）――

① 提前准备好以不同颜色标识制作的课程表。

② 课程表须便携，应该足够小巧，便于随身携带或者放入孩子的铅笔盒内。

③ 在任课教师同意的前提下，将课程表贴在课桌的一角，便于孩子随时参考。

――（ 事　件 ）――

① 让孩子提前知道将要发生的事情。

② 使用社交故事（Social Stories™）或序列图片，告知孩子事件的先后顺序和将要发生的事情。

③ 在活动开始之前用社交故事来让孩子做好准备，有助于缓解孩子的焦虑，改善行为（瓦基勒等人，2009）。（参见附录C）

④ 在活动之前或者活动即将开始时，为孩子讲读社交故事。

任务目标
提供指导

通过视觉化时间表、任务流程图和说明，为孩子提供结构化的活动安排。

向孩子展示这些可用的视觉辅助工具，而不是通过口头提示来向他讲解每项活动。

注意

- 说明须简明扼要。
- 应先教会孩子使用视觉化的任务流程图。
- 在征得任课教师同意的情况下，你可以先在一旁引导孩子并一起浏览视觉提示工具。
- 在撤掉视觉提示工具之前，一定要获得项目负责人的许可。
- 让孩子尽可能地独立完成自己的任务（例如：整理书包、记录家庭作业和购买食物）。

引导孩子在课堂上将注意力集中于日常教学

- 采用不引发关注的方式来执行这种引导，以免干扰课堂教学。

- 你可以尝试用手指点或通过手势来提示孩子看向任课教师。

- 必要的话，可进一步使用简单口语提示，比如"看老师"。

- 如果孩子错过了老师的讲解，可以将讲解内容写在便携式的擦写板上。如有必要，可以再给他重新讲解一次，或者让孩子去请同学给自己讲解。

- 让孩子坐在最不容易分心的位置，并就此事向任课教师或者项目负责人咨询。

在课堂上

例 在课堂上大声朗读

- 如果孩子跟不上，可以考虑通过连环画的视觉化方法提供提示，帮助他理解课文故事。
- 引导孩子去模仿同学。
- 为孩子制作一本专用的课本（需要由任课教师批准确定），这样他就可以在课前先预习，为课堂上课做好准备（马克斯等人，2003）。
- 让任课教师知道孩子走神了，并请教师要求孩子自己翻开书，这样可以提高孩子的参与感。

> **例** 做算术题
>
> ◆ 提供视觉化支持（乘法口诀表，加法表或者减法表等），这需要事先征求任课教师的同意。
> ◆ 孤独症学生倾向于通过视觉获得更好的学习效果，提供视觉支持对他们很重要（弗瑞德，2008；饶和加吉，2006）。
> ◆ 多给这些学生一些时间去完成学业任务（马克斯等人，2003）。
> ◆ 必要时，可以在一旁向孩子单独讲解学习任务。

完成其他任务

◆ 首先，在让孩子完成任务的过程中培养其独立性，但是又不能让孩子的挫败感发展到引发情绪爆发的地步。必要时，提醒孩子主动寻求帮助，然后简化他的任务。

◆ 当学生拒绝完成任务时，可以提示他先观察，或者去寻求帮助，再或者提出短暂休息（休息时间一般为一两分钟）的要求，然后再回到任务上。

"优秀的老师会很清楚一点：
想让孩子能学，
那么老师的教学模式
必须要适应孩子的
学习模式。"

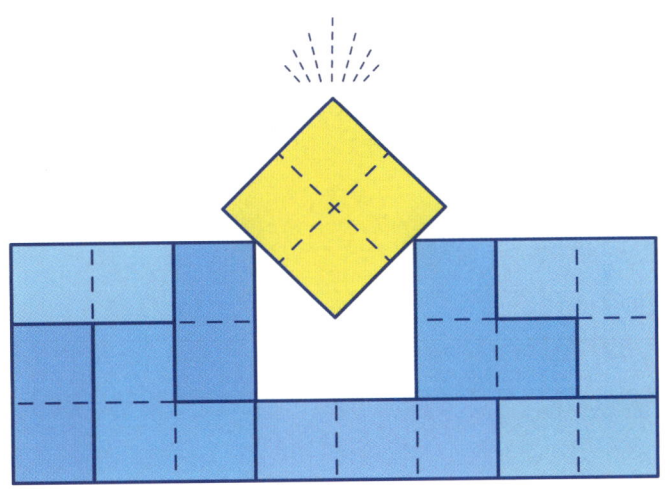

天宝·格兰丁博士
《我心看世界：天宝解析孤独症谱系障碍》[1]

[1] 编注：《我心看世界：天宝解析孤独症谱系障碍（最新修订版）》（The Way I See It: A Personal Look at Autism & Asperger's），中文简体版由华夏出版社于2018年出版，第5版即将出版。

任务目标
强化方式

　　强化策略可以用于学校环境。在使用强化策略，尤其是使用活动强化物和实物强化物时，需要细心。孩子有可能会逃避任务。在这种情况下，更重要的是对孩子的行为进行密切观察，掌握其逃避任务的原因，而不只是简单地增大强化力度。

自然强化

◆ 这种类型的强化是指孩子在自然状态下获得的强化。

◆ 学业任务上，最重要的自然强化是活动本身的乐趣。孩子更热衷于做自己喜欢的任务，并乐在其中。因此，应该将孩子的兴趣与任务联系起来（例如：就孩子最喜欢的话题写一篇作文），或者，也可以在需要时简化任务，从而增加完成任务的自然强化效力。

◆ 另一种自然强化是指行为导致的自然奖励。例如：当孩子要求借一本书时，他的朋友回答说"好的！"孩子因而得到一个积极的回应，这就是一种自然的强化。

社会性强化

◆ 这种强化是指以某种形式向孩子表示赞赏。

◆ 可以是口头上的赞赏，也可以是肢体接触的赞赏。例如：当孩子完成了指定任务之后，得到的"击掌"、眼神交流或者口头表扬"干得真棒！"等赞赏。

代币强化

- 以代币的形式提供奖励，代币可以积攒起来，到一定数量后可换取其他强化物，如换取实物奖励或者活动强化物（例如：使用贴纸来奖励孩子的良好阅读行为，每 10 张贴纸就可以换取 1 个奖品）。

- 您可以设置一个奖励表来向孩子展示他的进步表现。当孩子达到预期的行为（坐得好、按时交作业、保持安静等）时，他就可以获得做出这些良好行为相应的代币奖励。

实物强化

- 当因任务无趣或者困难而可能令孩子产生问题行为时，实物强化最为有用（例如：孩子每完成 1 项学习任务，就能获得 1 块糖果或者 1 张贴纸）。

- 实物强化不宜长期使用，否则孩子有可能难以摆脱这种快速获得满足的习惯。

活动强化

- 活动强化最适合用于任务无趣或者困难时。我们可以在孩子完成学业任务后允许他看 5 分钟绘本。

"如果功能性的沟通系统尚未建立起来,那么这个学生唯一能采取的办法就是靠行为。"

天宝·格兰丁博士
《我心看世界:天宝解析孤独症谱系障碍》

任务目标
行为管理

在本节,我们将讨论如何运用一些干预工具来更好地管理孩子的行为,减少他们发脾气的现象。我们可以使用的工具包括代币经济[1]和积极的行为支持计划。

面对困难任务时

- 从简单一些的任务开始,建立信心。
- 在要求孩子开始行动之前,应该为他做出示范。
- 对于较难理解的概念,使用视觉支持来帮助解释。
- 简化困难任务,将其分解为几个小任务。
- 采用交替阅读和书写的办法来减轻孩子的负担。
- 让孩子来选择如何完成任务(例如:由他来决定先做哪一项)。
- 教孩子通过寻求帮助或要求休息来应对沮丧情绪。*

* 参见杰德·贝克 2008 年的著作《在困难时刻的努力》(*Trying When It's Hard*)

---

1. 编注:代币经济(token economy),又译为代币制。

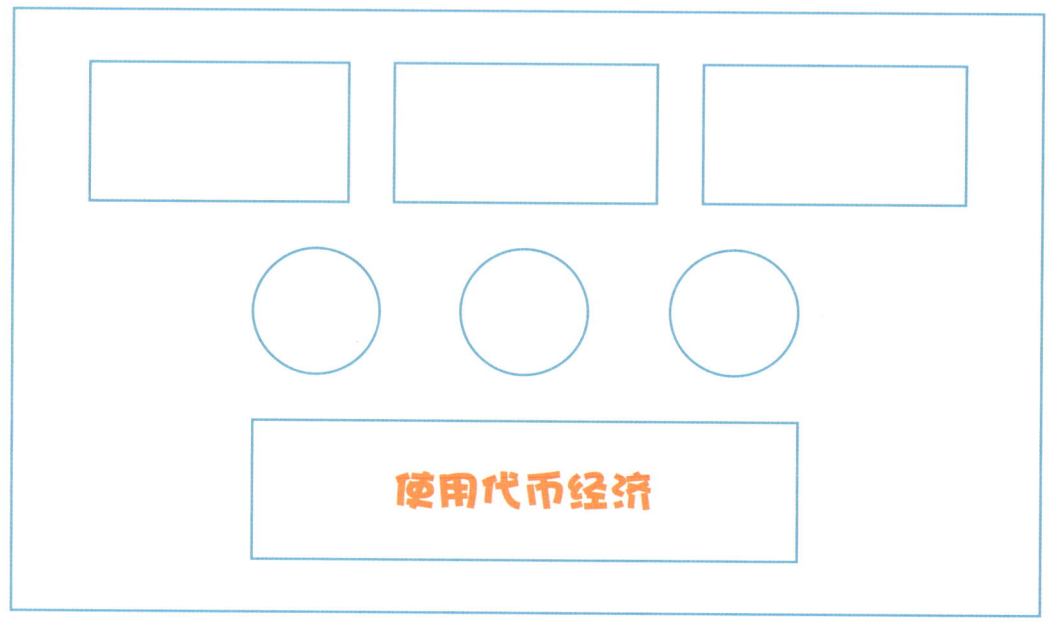

奖励要针对过程中的努力，而非只针对最终结果。告诉孩子，他勇于尝试、寻求帮助以及从休息时间回到学习任务的这些努力，都会获得代币，而不是只有成功完成任务时才能获得。我们需要努力建立合作关系，而不只是让抗拒中的孩子完美地完成任务。

注意

- ◆ 考虑孩子的需求而设定指令。
- ◆ 使用代币经济，并将代币用具放在孩子可以看到的地方。
- ◆ 尽量不使用口语提示。
- ◆ 谨慎地发放代币或奖励。

任务目标：行为管理 | 19

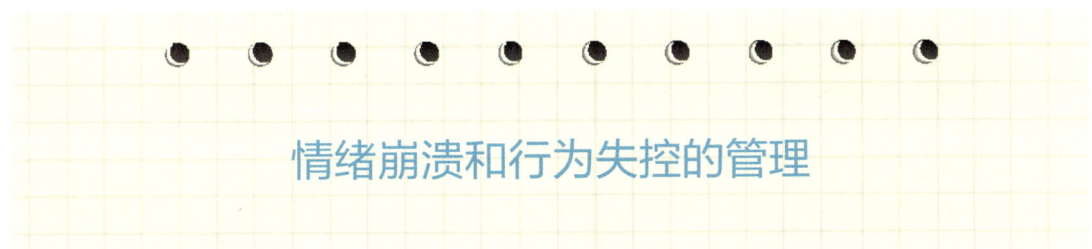

情绪崩溃和行为失控的管理

第 1 级　怒气开始出现

- 使用情绪管理辅助工具。（参见附录 D）
- 向孩子展示并讲解如何使用这套指导工具。
- 确定孩子的愤怒等级，然后选择一个他可以采用的应对措施。
- 当孩子的愤怒或沮丧的情绪已经发展到难以接受引导、无法重新唤起注意力或者无法一起处理解决问题的时候，请参阅杰德·贝克 2008 年的著作《如何管理情绪崩溃和行为失控》（*How to Manage Meltdowns and Out-of-Control Behavior*）。

- 倾听孩子对于当前问题的看法。
- 认同孩子看法中的某个要点事实，即便他在其他某些方面是错误的（例如："你是对的，那个小朋友不应该碰你的包。你不能打人，但在他不应该碰你的包这一点上，你是对的。"）。
- 必要时要向孩子道歉（"我很抱歉发生了这样的事。"）。
- 以更好的方式开展合作，帮助孩子获得自己想要的东西（例如："你想要什么？让我们一起找到正确的方法实现你的目标。"）。

第 2 级　孩子尚可以听得进去道理

⇩

引导他平静下来

可以考虑引入某些新奇的物品、特别感兴趣的东西，或者具有感官刺激的活动，从而令孩子转移关注点并平静下来。

- 新奇的物品：是指孩子之前未曾见过的、有可能感兴趣的东西，例如：一枚可能有某种价值的硬币，或者一张有趣的图片，再或者屋外的一个声响。
- 特别感兴趣的东西：可能是孩子最喜欢的故事书或收藏品，我们可以随身携带这些东西以备引导时使用。
- 具有感官刺激的活动：包括外出散步、听听音乐，也可以是向那些能接受触碰的孩子，进行诸如轻拍肩膀之类的肢体接触式的安抚。

- 这种转移关注点的引导只是一种临时性的应急办法。
- 我们不希望让孩子养成这种转移关注点的习惯，以免他借此逃避任务。
- 当孩子试图逃避任务时，最好的办法是让任务更容易、更简短，并提供休息时间，而不是令其转移注意力。

处理反复出现的问题

◆ 如果同样的问题行为总是不断发生,那就需要我们对该问题的发生情况进行跟踪。我们可以通过日志记录,或者通过某些专门的应用程序(如应用程序 No More Meltdown),追查问题行为的诱发条件(也称作"前提")、行为的具体表现以及该行为每次出现带来的后果。(参见附录 E 中的 ABC 表格)

◆ 应该与项目负责人一起讨论如何填写 ABC 表格,或者如何使用专门的应用程序跟踪行为。与项目负责人一起分析确定引起行为问题的常见诱因,并以此制定预防计划(参见杰德·贝克 2008 年关于创建预防性干预计划的指南,如附录 E 所示)。

制定一份
积极行为支持计划

——摘自杰德·贝克 2008 年的著作《不再崩溃》（*No More Meltdown*）

在本节，我们将学习如何改变或者应对诱发因素。我们怎样做，才能让那些触发因素不再引发挑战行为呢？我们可以教孩子掌握哪些替代技能，以便他有能力更好地应对那些可能引发问题行为或者可能导致崩溃的环境因素呢？此外，我们还将简要介绍一下奖惩系统。

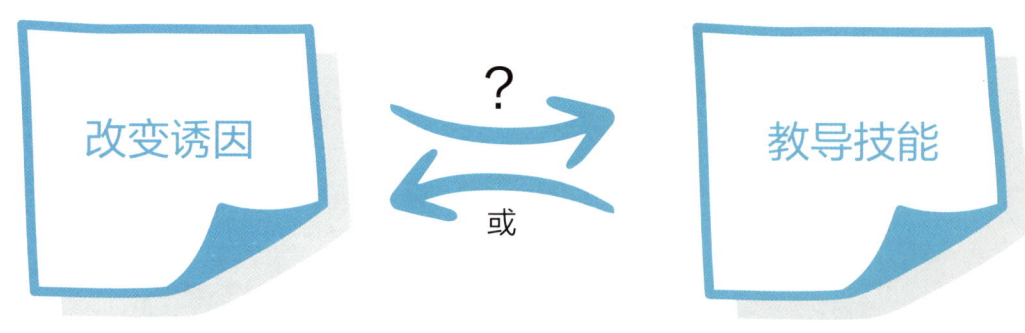

任务目标：行为管理 | 23

改变诱因

感觉刺激

- 改变环境中的噪声、光线、气味、味道或触感。有些孩子可能需要更为安静的学习环境。
- 荧光灯可能会让有些孩子走神，而在白炽灯或 LED 灯的照明下他们会有更好的表现。
- 有些孩子会对某些食物和特定的气味非常反感，或者无法忍受某种样式的衣服。
- 另外有些孩子可能会强烈追求某种类型的感觉，当缺少高强度的感觉刺激时就很容易感到无聊。

生理节奏

- 如果一个孩子太饿、太累或生病了，那么就等他吃饱了、休息好、身体状况好转之后，再来让他面对具有挑战性的任务。

任务难度

- 让具有挑战性的任务变得更容易一些，或者简化任务内容。

视觉支持

- 使用图片或文字提示来增进孩子的认识，或者向孩子展现完成任务所需的步骤。
- 例如：描述规则的海报或者提示卡，或者提示信息的图片化流程图，可以加强孩子对故事或信息的理解和记忆。
- 时间表和计时器有助于学生对等待有耐心。

教导技能

| 诱发因素 | 问题行为 | 替代行为 |

① **任务要求**

诱发因素	问题行为	替代行为
困难的任务、家务劳动、感官挑战、新环境或者社交任务要求。	逃避或拒绝参与。	· 请求帮助。 · 模仿其他人开展任务活动。 · 通过沟通协商,确定需要做多少,或者争取换掉具有挑战性的任务。

② **等待**

诱发因素	问题行为	替代行为
被拒绝参与某项活动或无法获得某个物品,再或者必须等待很长时间。	提出要求、大发脾气或有攻击行为。	· 学会等待,学会接受拒绝,体验这样做可以带来的间接回报。 · 体会到别人会因此而高兴,并且知道如果能等待,随后将会获得奖励。

| 诱发因素 | → | 问题行为 | → | 替代行为 |

③ 自我形象受到贬低

被捉弄、被批评、输掉比赛或者犯了错误。

将其作为对自己及个人能力的负面评判。

学会不再把这些事看作是对自己能力或行为的负面评判，而将其看作是可以学到更多东西的机会，或者从中认识到那只是别人的问题。

④ 未能获得所期待的关注

- 想要与他人一起玩耍或互动。
- 嫉妒他人。
- 害怕独处。

- 招惹他人以获得互动。
- 抱怨他人以获取更多的关注。
- 纠缠他人。

学习更有效的游戏发起方法。要明白，即使没有得到关注，自己也会被重视。学会自我宽慰而不是依赖他人。

奖罚制度

这里介绍的行为管理方法指的是对替代行为进行正向奖励，以及某些情况下采用取消特权的办法来处理破坏性行为。

◆ 奖励：夸赞或者物质奖励，诸如玩具或特定的食物、喜爱的游戏；或者积分系统，攒到一定数量的积分就可以换取更大的奖励，比如新玩具或特定的外出活动。

◆ 尽量避免采用取消特权的办法，比如取消看电视、玩电脑，或者不准出门。在采用取消特权或者取消奖励的做法之前，需先考虑是否有下列情况：

- 对诱发条件进行了调整。
- 教孩子以更好的行为来应对情况。
- 提醒孩子采用更积极的行为。
- 孩子选择了破坏性行为。

任务目标

社交技能管理

影子老师要与项目负责人协作，根据事先制定的目标，在孩子的社交技能方面做好提前引导，开展现场教学，并事后回顾复习。此外，还需要辅助孩子进行社交互动，随时帮助他在实际社交场合中做出正确的反应。

1 确定社交技能的目标

引导 ……▶ **教学** ……▶ **回顾**

在应用社交技能之前先对孩子进行引导（例如：如果孩子正在学习如何尊重他人的物理空间，那么影子老师就要提前提醒他，当他排队时或者在其他场合里与他人靠得太近时，应该与别人保持一臂的距离）。

对当前需要的技能开展教学指导（例如告诉孩子："你靠得太近了，应该保持一臂的距离。"）。

例如社交事件之后可以问孩子："你刚才做到尊重他人的空间了吗？"

2　教孩子表达自己

- ◆ 教孩子如何回应他人。
- ◆ 问候同学和老师。
- ◆ 尊重他人的空间和私有物品。
- ◆ 在集体活动中做出让步。
- ◆ 在需要时向同伴求助。

3　增进同伴之间的互动

- ◆ 教孩子如何与同学开展直接的互动，而非只是作为中间人代替孩子说话。
- ◆ 克鲁兹（Kluth, 2004）建议，在开展活动时要考虑到孩子的兴趣。可以使用视觉支持来增加孩子参与活动的意愿（兰茨等人，2004）。
- ◆ 让孩子在同学面前展示自己的优势能力。

例 1: 在体育课上

班级有体育课，孩子在踢足球方面非常出色。请任课教师让孩子向其他同学展示自己的球技。

例 2: 在课堂上

全班同学正在做一些数学习题，有同学不知道如何解答某道题，这时可以鼓励孩子去帮助那个同学。

4　培养"小帮手"

- ◆ 当我们为孩子找到一个"小帮手"时，你可能需要训练这个"小帮手"的观察能力，使其能够敏锐地察觉出孩子的挑战行为。在你向这位"小帮手"介绍你所服务的孩子之前，要先就如何介绍征得家长和项目负责人的同意。

任务目标：社交技能管理 | 29

你可以这样做

讨论这个孩子在哪些方面与大家一样，在哪些方面与大家不同。

◆ 对于孩子所面临的特殊挑战开展讨论。显然，由于这些挑战的存在，孩子有时可能会做一些困扰他人的事情，但是他不是故意的。

◆ 例如：约翰与他人一样，是我们班级的一员。他和其他同学一样学习相同的课程，也一样会在课间休息时去买一些吃的。

◆ 然而，约翰有时候在阅读自己最喜欢的故事书时声音会有点儿大，有时候可能会向老师大喊大叫。他做出这些行为不是故意的，因为他并不知道这些行为会让别人不高兴。你是他的同学，所以你可以温和地提醒他，给他一些空间和时间来改进。而且约翰可能会在你做出示范行为之后来模仿你。

在讨论中还可以聊及孩子的天分，当谈论其优势、特长和面临的挑战时，可以联系一些名人的故事进行引导。（例如阿尔伯特·爱因斯坦、比尔·盖茨等，尽管这些名人在各自的领域中展现了出众的才能，但是他们都曾经在社交上遇到过挑战。）

注意

◆ 为孩子选择同伴前，务必要先征询任课教师的许可。
◆ 选择同伴时，可以重点考虑那些在社交沟通技能上表现优秀且乐于帮助他人的同学。

任务目标
逐渐撤离的步骤

- 从充分辅助起步，以确保成功。然后，随着时间的推移，逐渐减少辅助的强度，看看孩子是否有能力表现得更加独立（林彻，2010）。

- 在学校服务的头 3 个月里，我们建议影子老师坐在孩子旁边，或者与孩子保持一臂的距离（如果他能接受这种近距离）。

- 当孩子的行为表现越来越稳定时，你可以报告给项目负责人，之后可以坐在离孩子稍远一些的位置上（也许可以改坐到教室的后面，在那里你仍然可以观察到孩子的表现）。

- 服务 3 个月之后，应该根据孩子的具体情况，对影子老师的服务时长和服务距离酌情改变。在有所变动之前，应该向项目负责人咨询。

我是一个孩子。
我有孤独症，
但是，
孤独症并不是
我的全部。

埃伦·诺特波姆 (Ellen Notbohm, 2005)
《孤独症孩子希望你知道的十件事》[1]

[1] 编注：此书最新版《孤独症孩子希望你知道的十件事（第3版）》（Ten Things Every Child with Autism Wishes You Knew, 3rd Edition），中文简体版由华夏出版社于2021年出版。

任务目标
关键点

- 任何视觉辅助工具，都应该在引入之前教会孩子如何使用。要确保很小巧，不会那么显眼，且方便孩子随身携带。

- 给出的指示，要清晰而简短。

- 要坚定，且保持一致性。

- 引导孩子学会以适当的替代技能替换发脾气的行为（例如：寻求帮助或要求休息）。如果孩子发脾气的功能是逃避任务，那么可以让孩子做一些工作量较少的任务。为了不让孩子逃避所有任务，必要时简化某些任务。如果发脾气不是为了逃避任务，那么可以先尝试使用分散孩子注意力的策略。

- 如果孩子的行为扰乱了课堂，并且他无法冷静下来，可以把孩子带离教室，等他情绪平复。

案例研究

最重要的是我们需知道应该运用哪些策略,以及采用哪些视觉支持手段来帮助孩子解决他面临的问题。下面我们将展示3个研究案例,从中了解应对实际问题时可能采用的解决方案。

案例 1

孩子姓名：哈维尔

问　　题：无法跟上全班同学的节奏。当他还没完成一项作业时，会拒绝转换到下一项班集体活动，使课堂进程被中断。

建议

◆ 为哈维尔制作一个视觉化时间表。时间表可以用不同的颜色来标识不同内容的活动。用手势提示他（如指向时间表）。在头几次运用这个策略时，可以额外补充口头提示。在活动任务的截止时间临近时提醒他：如果任务还没有做完，后面还有机会再来补。这样他就不会错过下一项活动的指令了，而且他同样也能得到一个奖励分，标在自己的行为/奖励表上。

◆ 为哈维尔设立一个标有"未完任务"的文件夹，教他将自己尚未完成的任务放进去。编写一个社交故事来向他讲解，稍后他可以继续完成自己的那些任务。还要提醒他，只要他能跟上班级的集体安排，不错过下一项任务的讲解，这样课堂就不会中断了。必要的话，要在头几次引导时向他做出口头提示。

◆ 提供正向反馈以强化哈维尔的正确行为，或者使用代币经济。

◆ 按照本书后面的"九步指南"的要求编写社交故事，在每天上学前或者前天晚上带他阅读。

案例 2

孩子姓名：艾德

问　　题：在轮流活动中，如果由其他同学先开始的话，他就要对同学大喊大叫。当他想要的东西同学不给时，他无法接受人家说"不"（例如：当他想从朋友那里借书时。）。

目　　标：调整诱发因素（比如：没能成为第一个，索要想要的东西时被拒绝）以避免引发他的不安，同时教他自己识别这些诱发因素，当这些情况发生时能够更好地自我管理。

建议

未能成为第一个

- 调整诱发因素：让艾德在玩游戏时第一个出场，但提醒他下次他的同学会在他前面先出场。当我们开始教他这个轮流规则时，如果暂时让他优先排在第一个，他就更容易学会等待。
- 教导他怎样以及为什么要让别人优先。向他讲解，如果他让别人优先，那么人家就会更喜欢他，也就爱与他一起玩。让艾德知道，让别人优先，就会赢得朋友。
- 按照本书后面介绍的"九步指南"的要求编写社交故事，并且每天带他阅读。

接受人家说"不"

- 调整诱发因素：运用视觉支持的方法向艾德展示哪些东西是他的，哪些东西不属于他。向他讲解他可以拥有属于自己的东西，但是不能一直占有那些不属于他的东西。
- 使用时间表向艾德展示他什么时候可以拥有自己想要的那些东西。使用计时器来帮助他按顺序轮流参与班级活动。
- 教他当别人说"不"或者说"等一等"时他应该如何接受。向他讲解，如果能够保持平静，就会有更多机会获得自己想要的东西，因为平静的自己会让别人开心。
- 在艾德向同学索要东西之前，可以提醒他，如果同学说"不"的话，他仍可以获得另外的物品X或Y（这是替代品，是他平静接受拒绝的奖励）。
- 建立代币经济，向艾德讲解，如果他平静地接受别人的拒绝，就将获得代币。然后，他可以用每次得到的代币兑换奖品。
- 使用本书后面介绍的"九步指南"来编写社交故事，并且每天带他阅读。

案例 3

孩子姓名：山姆

问　　题：每当班上有同学笑的时候，山姆就认为别人是在取笑他，他就会生气，并猛烈拍打物品。

目　　标：让山姆能够更好地理解同学们的看法，并控制好自己的愤怒情绪。

建议

使用绘本

用绘本向山姆展示，人们在笑的时候在想些什么。向他讲解，通常人们想到一些有趣的事情就会笑起来，并非是在嘲笑他。

代币经济

使用代币经济，在山姆表现出目标行为时奖励他。（例如：当朋友笑的时候，他做出正确回应。）当山姆未能做出适当回应时，也不要罚掉他的代币，而应该多等一些时间，找机会奖励山姆。只有当山姆表现出目标行为时才奖励他。

社交故事

按照后面介绍的"九步指南"的要求来编写社交故事，并且在每天上学前或者前天晚上带他阅读。

教学引导

教山姆如何回应别人的笑声。比如可以直接问："你是在嘲笑我吗？"

- 如果别人回答说"不是的"，那么就记住人家的笑与自己无关。
- 如果别人回答说"是的"，那么就要求对方不要这么做。如果对方不停止，就去告诉老师。

教孩子记住，不要对人家发脾气，因为那样的话自己会更麻烦。

情绪管理辅助工具

与山姆一起，编写一套"情绪管理指南"。和山姆一起商讨他所体验的愤怒等级，并向他建议应该如何应对。将这套指南复印几份带到学校去，在他需要时用来参照。

附录A 代币经济

代币经济是什么?

代币经济是一套管理儿童行为的奖励系统。每当孩子表现出我们期望的行为时,就能够获得一枚代币。孩子积攒的代币达到了事先约定的数量时,就可以用这些代币换取某项奖励。

怎么做?

- 在使用代币经济之前,必须明确了解孩子当前的能力水平。
- 开始时最好先只针对3个目标行为(例如:坐在座位上、保持安静和把手放下)。
- 对于高功能的孩子,可以选择更多的目标行为。
- 如果你不确定孩子当前的能力水平,那就应该在做代币之前先向项目负责人咨询。

附录 A：代币经济 | 41

代币经济示例

目标行为

代币（背后有尼龙搭扣）　　用来粘贴代币的尼龙搭扣带

使用代币经济的程序

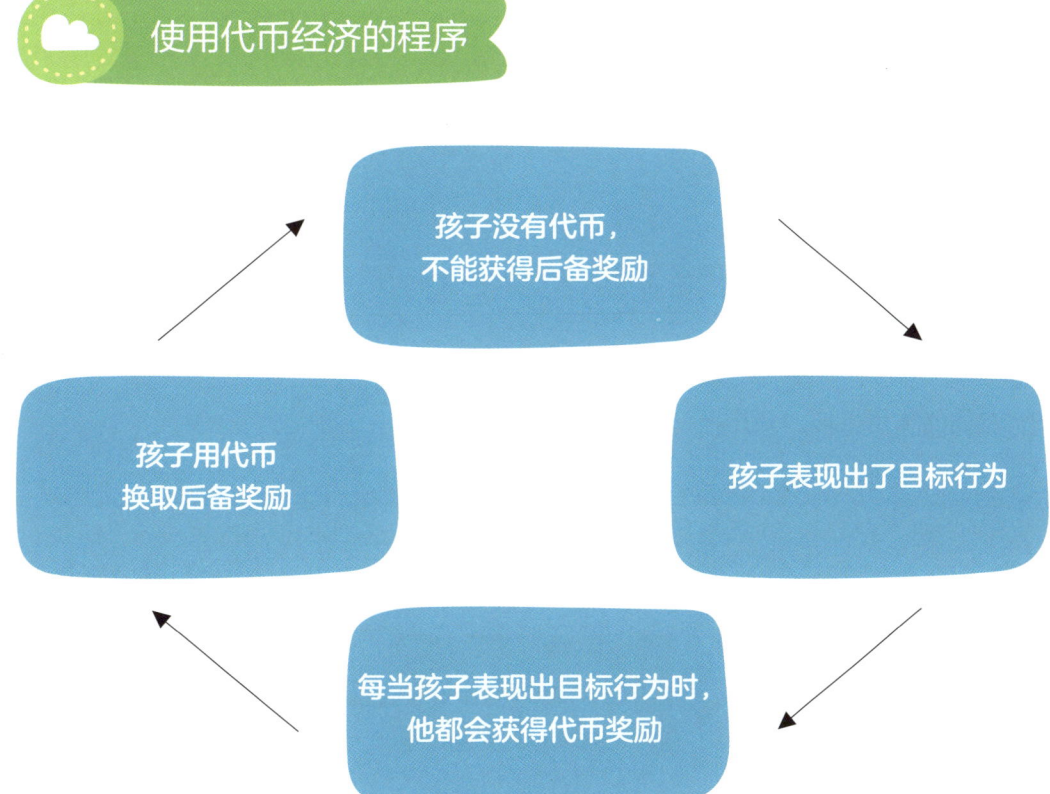

- 孩子没有代币，不能获得后备奖励
- 孩子表现出了目标行为
- 每当孩子表现出目标行为时，他都会获得代币奖励
- 孩子用代币换取后备奖励

附录 B　视觉化时间表

 **视觉化时间表是什么？**

◆ 视觉化时间表的主要用途是帮助孩子安排自己的日常活动，并增加对活动顺序的理解（例如：个人卫生自理→吃早餐→乘坐校车→教室上课→课间休息→教室上课→吃午餐→乘坐校车→游戏）。

◆ 让孤独症孩子了解自己周围会发生的事情，有助于减少活动转换（一项活动结束，即将开始另一项活动）带给他的焦虑和压力。

◆ 视觉化时间表有 3 种类型：
  · 视觉化日历
  · 视觉化活动 / 课程时间表
  · 视觉化任务流程

◆ 它们的作用相似，只是所涉及的内容有所差异。

从常规的事情到特别的任务

| 视觉化日历 | | 视觉化活动 /
课程时间表 | | 视觉化任务流程图 |

| 视觉化日历 | 视觉化**日历**可以用于标记对孩子来说比较重要的或者会给他带来压力的日子（例如：外出旅行、看医生或者过生日），通常以月历的形式展示。|

2015 年 11 月

日	一	二	三	四	五	六
	1	2	3	4	5	6	7
8	9	10	11	12	13	14
15	16	17	18	19	20	21
22	23	24	25	26	27	28
29	30	1	2	3	4	5

| 视觉化活动 / 课程时间表 | 这是为一天内或者一周内的特定活动而制作的视觉化**时间表**。|

每日时间表

时间	活动	
7：30 — 8：00	集合	✓
8：00 — 8：30	英语	✓
8：30 — 9：00	体育	✓
9：00 — 10：00	音乐	○
9：30 — 10：00	休息	○

视觉化任务流程图

视觉化**任务流程图**是用来告知、指导和提示孩子关于做某件特别任务或行动的顺序（例如上厕所或洗手）。

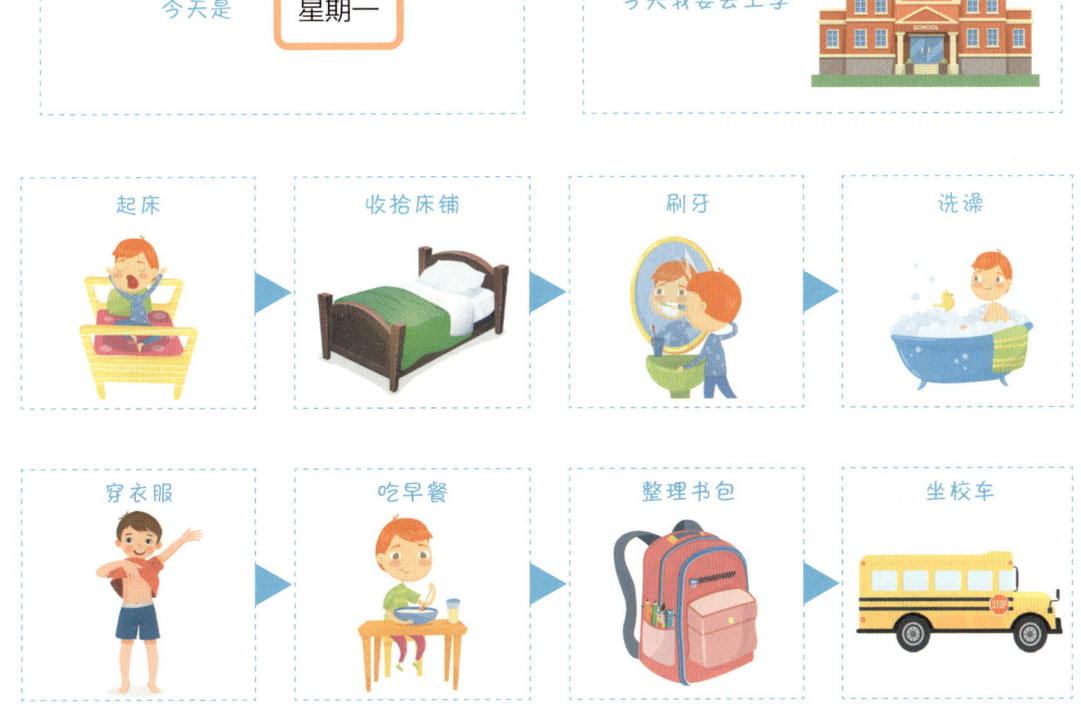

特别任务的流程

做功课

| 写下姓名 | 写出答案 | 涂颜色 | 交给老师 |

考试和测验

① 收到试卷。
② 听老师讲解，等老师指示说"开始！"
③ 写下自己的姓名。
④ 仔细阅读每一道题。
⑤ 如果遇到一道不会做的题，我先跳过做下一道题，全做完时再回来看这道题。
⑥ 所有题都做完之后，检查一遍。
⑦ 当老师说"时间到了"的时候就停笔，并把试卷倒扣翻面。

书号	书名	作者	定价
	转衔|职场		
*0462	孤独症谱系障碍者未来安置探寻	肖扬	69.00
*0296	长大成人:孤独症谱系人士转衔指南	[加]Katharina Manassis	59.00
*0528	走进职场:阿斯伯格综合征人士求职和就业指南	[美]Gail Hawkins	69.00
*0299	职场潜规则:孤独症及相关障碍人士职场社交指南	[美]Brenda Smith Myles 等	49.00
*0301	我也可以工作!青少年自信沟通手册	[美]Kirt Manecke	39.00
*0380	了解你,理解我:阿斯伯格青少年和成人社会生活实用指南	[美]Nancy J. Patrick	59.00
	与星同行		
0819	与 ADHD 共处	[日]司马理英子	59.80
0732	来我的世界转一转:漫话 ASD、ADHD	[日]岩濑利郎	59.00
0828	面具下的她们:ASD 女性的自白(第 2 版)	[英]Sarah Hendrickx 等	59.80
*0818	看见她们:ADHD 女性的困境	[瑞典]Lotta Borg Skoglund	49.00
0614	这就是孤独症:事实、数据和道听途说	黎文生	49.90
*0428	我很特别,这其实很酷!	[英]Luke Jackson	39.00
*0302	孤独的高跟鞋:PUA、厌食症、孤独症和我	[美]Jennifer O'Toole	49.90
*0408	我心看世界(第 5 版)		59.00
*7741	用图像思考:与孤独症共生	[美]Temple Grandin 等	39.00
*9800	社交潜规则(第 2 版):以孤独症视角解读社交奥秘		68.00
0722	孤独症大脑:对孤独症谱系的思考		49.90
*0109	红皮小怪:教会孩子管理愤怒情绪		36.00
*0108	恐慌巨龙:教会孩子管理焦虑情绪	[英]K.I.Al-Ghani 等	42.00
*0110	失望魔龙:教会孩子管理失望情绪		48.00
*9481	喵星人都有阿斯伯格综合征		38.00
*9478	汪星人都有多动症	[澳]Kathy Hoopmann	38.00
*9479	喳星人都有焦虑症		38.00
9002	我的孤独症朋友	[美]Beverly Bishop 等	30.00
*9000	多多的鲸鱼	[美]Paula Kluth 等	30.00
*9001	不一样也没关系	[美]Clay Morton 等	30.00
*9003	本色王子	[德]Silke Schnee 等	32.00
9004	看!我的条纹:爱上全部的自己	[美]Shaina Rudolph 等	36.00
*0692	男孩肖恩:走出孤独症	[美]Judy Barron 等	59.00
8297	虚构的孤独者:孤独症其人其事	[美]Douglas Biklen	49.00
9227	让我听见你的声音:一个家庭战胜孤独症的故事	[美]Catherine Maurice	39.00
8762	养育星儿四十年	[美]蔡张美铃、蔡逸周	36.00
*8512	蜗牛不放弃:中国孤独症群落生活故事	张雁	28.00
0697	与自闭症儿子同行 1:原汁原味的育儿	[日]明石洋子	49.00
0845	与自闭症儿子同行 2:通往自立之路	[日]明石洋子	49.00
7218	与自闭症儿子同行 3:为了工作,加油!	[日]明石洋子	49.00

书号	书名	作者	定价
	教养宝典		
0868	积极行为支持教养手册：解决孩子的挑战性行为（第2版）	[美]Meme Hieneman 等	78.00
0846	做不吼不叫的父母：儿童教养的105个秘诀	林煜涵	49.00
*0829	早期干预丹佛模式辅导与培训家长用书	[美]Sally J. Rogers 等	98.00
*8607	孤独症儿童早期干预丹佛模式（ESDM）	[美]Sally J.Rogers 等	78.00
*0461	孤独症儿童早期干预准备行为训练指导	朱璟、邓晓蕾等	49.00
*0748	孤独症儿童早期干预：从沟通开始	[英]Phil Christie 等	49.00
*0119	孤独症育儿百科：1001个教学养育妙招（第2版）	[美]Ellen Notbohm	88.00
*0511	孤独症谱系障碍儿童关键反应训练掌中宝	[美]Robert Koegel 等	49.00
9852	孤独症儿童行为管理策略及行为治疗课程	[美]Ron Leaf 等	68.00
*9496	地板时光：如何帮助孤独症及相关障碍儿童沟通与思考	[美]Stanley I. Greensp 等	68.00
*9348	特殊需要儿童的地板时光：如何促进儿童的智力和情绪发展		69.00
*9964	语言行为方法：如何教育孤独症及相关障碍儿童	[美]Mary Barbera 等	49.00
*0419	逆风起航：新手家长养育指南	[美]Mary Barbera	78.00
9678	解决问题行为的视觉策略	[美]Linda A. Hodgdon	68.00
9681	促进沟通技能的视觉策略		59.00
9991	做看听说（第2版）：孤独症谱系障碍人士社交和沟通能力	[美]Kathleen Ann Quill 等	98.00
*9489	孤独症儿童的行为教学	刘昊	49.00
*8958	孤独症儿童游戏与想象力（第2版）	[美]Pamela Wolfberg	59.00
*0293	孤独症儿童同伴游戏干预指南：以整合性游戏团体模式促进		88.00
9324	功能性行为评估及干预实用手册（第3版）	[美]Robert E. O'Neill 等	49.00
*0170	孤独症谱系障碍儿童视频示范实用指南	[美]Sarah Murray 等	49.00
*0177	孤独症谱系障碍儿童焦虑管理实用指南	[美]Christopher Lynch	49.00
8936	发育障碍儿童诊断与训练指导	[日]柚木馥、白崎研司	28.00
*0005	结构化教学的应用	于丹	69.00
*0149	孤独症儿童关键反应教学法（CPRT）	[美]Aubyn C. Stahmer 等	59.80
*0402	孤独症及注意障碍人士执行功能提高手册	[美]Adel Najdowski	48.00
*0167	功能分析应用指南：从业人员培训指导手册	[美]James T. Chok 等	68.00
	生活技能		
*0673	学会自理：教会特殊需要儿童日常生活技能（第4版）	[美] Bruce L. Baker 等	88.00
*0130	孤独症和相关障碍儿童如厕训练指南（第2版）	[美]Maria Wheeler	49.00
*9463/66	发展性障碍儿童性教育教案集/配套练习册	[美] Glenn S. Quint 等	71.00
*9464/65	身体功能障碍儿童性教育教案集/配套练习册		103.00
*0512	孤独症谱系障碍儿童睡眠问题实用指南	[美]Terry Katz 等	59.00
*05476	特殊儿童安全技能发展指南	[美]Freda Briggs	59.00
*8743	智能障碍儿童性教育指南		68.00
*0206	迎接我的青春期：发育障碍男孩成长手册	[美]Terri Couwenhoven	29.00
*0205	迎接我的青春期：发育障碍女孩成长手册		29.00
*0363	孤独症谱系障碍儿童独立自主行为养成手册（第2版）	[美]Lynn E.McClannahan 等	49.00

书号	书名	作者	定价
经典教材|学术专著			
*0488	应用行为分析（第3版）	[美]John O. Cooper 等	498.00
*0470	特殊教育和融合教育中的评估（第13版）	[美]John Salvia 等	168.00
*0464	多重障碍学生教育：理论与方法	盛永进	69.00
9707	行为原理（第7版）	[美]Richard W. Malott 等	168.00
*0449	课程本位测量实践指南（第2版）	[美]Michelle K. Hosp 等	88.00
*9715	中国特殊教育发展报告（2014-2016）	杨希洁、冯雅静、彭霞光	59.00
*8202	特殊教育辞典（第3版）	朴永馨	59.00
0802	特殊教育和行为科学中的单一被试设计（第3版）	[美]David Gast	168.00
0490	教育和社区环境中的单一被试设计	[美]Robert E.O'Neill 等	68.00
0127	教育研究中的单一被试设计	[美]Craig Kenndy	88.00
*8736	扩大和替代沟通（第4版）	[美]David R. Beukelman 等	168.00
0643	行为分析师执业伦理与规范（第4版）	[美]Jon S. Bailey 等	98.00
0770	优秀行为分析师必备25项技能（第2版）	[美]Jon S.Bailey 等	78.00
*8745	特殊儿童心理评估（第2版）	韦小满、蔡雅娟	58.00
0433	培智学校康复训练评估与教学	孙颖、陆莎、王善峰	88.00
社交技能			
0758	孤独症儿童社交、语言和行为早期干预家庭游戏PLAY模式	[美]Richard Solomon	128.00
0703	直击孤独症儿童的核心挑战：JASPER模式	[美]Connie Kasari 等	98.00
*0468	孤独症人士社交技能评估与训练课程	[美]Mitchell Taubman 等	68.00
*0575	情绪四色区：18节自我调节和情绪控制能力培养课	[美]Leah M.Kuypers	88.00
*0463	孤独症及相关障碍儿童社会情绪课程	钟卜金、王德玉、黄丹	78.00
*9500	社交故事新编（十五周年增订纪念版）	[美]Carol Gray	59.00
*0151	相处的密码：写给孤独症孩子的家长、老师和医生的社交故事		28.00
*9941	社交行为和自我管理：给青少年和成人的5级量表	[美]Kari Dunn Buron 等	36.00
*9943	不要！不要！不要超过5！：青少年社交行为指南		28.00
*9942	神奇的5级量表：提高孩子的社交情绪能力（第2版）		48.00
*9944	焦虑，变小！变小！（第2版）		36.00
*9537	用火车学对话：提高对话技能的视觉策略	[美] Joel Shaul	36.00
*9538	用颜色学沟通：找到共同话题的视觉策略		42.00
*9539	用电脑学社交：提高社交技能的视觉策略		39.00
*0176	图说社交技能（儿童版）	[美]Jed E.Baker	88.00
*0175	图说社交技能（青少年及成人版）		88.00
*0204	社交技能培训手册：70节沟通和情绪管理训练课		68.00
*0150	看图学社交：帮助有社交问题的儿童掌握社交技能	徐磊 等	88.00

书号	书名	作者	定价
孤独症入门			
*0137	孤独症谱系障碍：家长及专业人员指南	[英]Lorna Wing	59.00
*9879	阿斯伯格综合征完全指南	[英]Tony Attwood	78.00
*9081	孤独症和相关沟通障碍儿童治疗与教育	[美]Gary B. Mesibov	49.00
0916	三步解决学生问题行为	[日]大久保贤一	49.00
0831	问题行为应对实战图解	[日]井泽信三	39.00
0713	融合幼儿园教师实战图解	[日]永富大铺 等	49.00
*0157	影子老师实战指南	[日]吉野智富美	49.00
*0014	早期密集训练实战图解	[日]藤坂龙司 等	49.00
*0116	成人安置机构ABA实战指南	[日]村本净司	49.00
*0510	家庭干预实战指南	[日]上村裕章 等	49.00
*0107	孤独症孩子希望你知道的十件事（第3版）	[美]Ellen Notbohm	49.00
*9202	应用行为分析入门手册（第2版）	[美]Albert J. Kearney	39.00
*0356	应用行为分析和儿童行为管理（第2版）	郭延庆	88.00
新书预告			
时间	书名	作者	估价
2025.06	与ADHD共处（成人篇）	[日]司马理英子	59.00
2025.06	与ADHD共处（女性篇）	[日]司马理英子	59.00
2025.07	孤独症学生的融合教育策略	[美]Barbara Boroson	59.00
2025.07	融合教育理念与实践	[美]Lee Ann Jung）等	49.00
2025.07	融合教育学科教学策略：直接教学	[美]Anita L. Archer 等	88.00
2025.07	融合环境中的教师协作	[美]Heather Friziellie 等	49.00
2025.08	儿童行为管理中的罚时出局	[德]Corey C. Lieneman	39.00
2025.08	重掌失控人生:注意缺陷多动障碍成人自救手册	[美]Russell A. Barkley	88.00
2025.08	学习困难学生的阅读理解教学（第3版）	[美]Sharon Vaughn 等	78.00
2025.10	沟通障碍导论（第7版）	[美]Robert E. Owens 等	198.0
2025.12	家有挑食宝贝：行为分析帮助家长解决挑食难题	[美]Keith E. Williams	59.00
2025.12	融合学校干预反应模式实践手册	[美]Austin Buffum	78.00

关注华夏特教，获取新书资讯！

华夏特教系列丛书

书号	书名	作者	定价
融合教育			
*0561	孤独症学生融合学校环境创设与教学规划	[美]Ron Leaf 等	68.00
0771	融合教育学校校长手册	[美]Julie Causton 等	59.00
0652	融合教育教师手册		69.00
0709	融合教育助理教师手册（第2版）		69.00
0801	特殊需要学生的融合教育支持	[美]Toby Karten	49.00
*9228	融合学校问题行为解决手册	[美]Beth Aune	30.00
*9318	融合教室问题行为解决手册		36.00
*9319	日常生活问题行为解决手册		39.00
0686	孤独症儿童融合教育生态支持的本土化实践创新	王红霞	98.00
*9210	资源教室建设方案与课程指导		59.00
*9211	教学相长：特殊教育需要学生与教师的故事		39.00
*9212	巡回指导的理论与实践		49.00
9201	你会爱上这个孩子的！：在融合环境中教育孤独症学生（第）	[美]Paula Kluth	98.00
0891	巧用孤独症学生兴趣的20个方法"给他鲸鱼就好！"		49.00
*0013	融合教育学校教学与管理	彭霞光、杨希洁、冯雅静	49.00
0542	融合教育中自闭症学生常见问题与对策	上海市"基础教育阶段自闭症学生支持服务体系建设"项目组	49.00
0871	学习困难学生教育指导手册	"挑战学习困难"丛书 主编：赵微	59.00
0753	小学一年级认知教育活动（教师用书）		59.00
0752	小学一年级认知教育活动（学生用书）		49.00
0754	小学二年级认知教育活动（教师用书）		59.00
0755	小学二年级认知教育活动（学生用书）		49.00
0834	学习困难学生基础认知能力提升研究与实践	刘朦朦	59.00
*7809	特殊儿童随班就读师资培训用书	华国栋	49.00
*0348	学校影子老师简明手册	[新加坡]廖越明 等	39.00
*8548	融合教育背景下特殊教育教师专业化培养	孙颖	88.00
*0078	遇见特殊需要学生：每位教师都应该知道的事		49.00
9329	融合教育教材教法	吴淑美	59.00
9330	融合教育理论与实践		69.00
9497	孤独症谱系障碍学生课程融合（第2版）	[美]Gary Mesibov	59.00
8338	靠近另类学生：关系驱动型课堂实践	[美]Michael Marlow 等	36.00

标*书籍均有电子书（2025.06）

华夏特教线上知识平台:

华夏特教公众号

华夏特教小红书

华夏特教视频号

"在线书单"二维码

微信公众平台：HX_SEED（华夏特教）
微店客服：13121907126
天猫官网：hxcbs.tmall.com
意见、投稿：hx_seed@hxph.com.cn
联系地址：北京市东直门外香河园北里 4 号（100028）

附录 C 社交故事

社交故事是什么？

- 社交故事是一种通过讲解一些小故事来教孤独症孩子学习适当行为并掌握社交技能的教学方法。

- 社交故事会对一个人所遇到的困难进行描述，并告知孩子在这种情况下别人的期望是什么，以及孩子自己的期望又是什么。

- 我们可以运用社交故事来讨论孩子出现的问题行为。

指导原则

- 本书中所谈及的 10 条社交故事的编写标准，来自《社交故事新编（十周年增订纪念版）》（卡罗尔·格雷，2010）[1]。该书可以与本书一起使用，这样可以更好地了解什么是社交故事，以及如何更有效地运用它。

- 你可以根据自己的情况来决定是否按照本书的步骤指南来编写社交故事。本书绝不应被视作不惜一切代价也要遵循的"圣经"。每个孩子都是独一无二的。因此，对每个孩子使用的社交故事也会因人而异。

---

1. 编注：此书最新版《社交故事新编（十五周年增订纪念版）》（*The New Social Story Book, Revised and Expanded 15th Anniversary Edition*），中文简体版由华夏出版社于 2019 年出版。

九步指南

1 目标　第一步：目标

目标：帮助比利理解为什么要在乘坐校车时系好安全带。

2 发现　第二步：发现

收集信息

家长	◆ 当比利和父母一起乘坐城市公交车时，不需要系安全带。 ◆ 有两次，妈妈陪同比利一起乘坐了校车，他可以在整个行程中一直系好安全带。但是父母不能总是陪他坐校车。 ◆ 每当比利崩溃时（在其他场合），父母会给他最喜欢的毛绒玩具熊"豆豆"。比利触摸着玩具熊耳朵上的毛毛就能平静下来。
校车司机和车上的辅助老师	◆ 比利在乘坐校车上学和放学的时候，校车司机和车上的辅助老师很难让他系好安全带。 ◆ 当地学区要求，所有学生都必须在乘坐校车时系好安全带。
治疗师	◆ 让比利坐在校车上时一直系着安全带，这个任务用的时间很长，正强化无法一直持续。
朋友	◆ 同龄的小朋友们在校车上都可以系好安全带，他们有时会嘲笑比利"捣蛋鬼"。
比利	◆ 比利拒绝尝试系安全带，但他无法用语言来表达自己的理由。他只是说"我不喜欢，我不喜欢，我不想要，我不想要"，随后就会不停地将安全带从胸前扯开。也许，比利不喜欢安全带紧箍在身体上的感觉。

---

1. 编注：方格内的数字表示这是社交故事编写标准的第几条，文字表示这条标准的简称。方格放在此处，表示在这一条标准的指导下，制定了九个步骤的第一步。其余八处不再另作说明。

附录 C：社交故事 | 49

下列这些词汇不要出现在社交故事中。

1. 应该 / 不应该
2. 要求
3. 必须 / 绝不准
4. 该…… / 该知道……
5. 这真是（太坏了 / 太捣蛋了 / 太不合适了）
6. 警告：不可以

需要分享的信息的类型

客观信息
- 比利不喜欢在乘坐校车时系好安全带。
- 为了安全起见，系好安全带很重要。
- 当地学区要求学生乘坐校车时必须系好安全带。
- 比利的同学们在乘坐校车时都会系好安全带。

思想过程
- 比利可以将自己的玩具熊带到校车上以便让自己平静下来。
- 让比利回忆起，自己曾经在乘坐校车时成功地系好过安全带。

时间关联
- 曾经有两次，比利坐校车时系好了安全带，但这两次有妈妈陪着他一起。
- 至少在接下来的一年里，他每天都要乘坐校车（直到学前班毕业）。

6 问题 第三步：用"六个问题"来指导故事的编写

谁
- 比利、校车司机以及车上的辅助老师。

在哪里
- 在校车上。

什么时候
- 每天上学和回家的途中。

什么事
- 比利乘坐校车时需要系好安全带，但他不喜欢系。
- 比利可以用他最喜欢的玩具熊"豆豆"来平复自己。
- 系好安全带是学校的规定，也是为了确保比利的安全。
- 比利在这一年里都要乘坐校车，直到他学前班毕业。

怎么样
- 比利拒绝系安全带，正向强化不足以激励他系上安全带。

为什么
- 也许比利是因为不喜欢安全带勒在胸前的感觉，所以拒绝系好它。

4 格式编排 第四步：故事的格式编排

年龄 / 能力
- 5岁的比利从今年开始上学前班了。他的接受性语言能力要比他的表达性语言能力好很多。他能够理解带有主谓宾语法结构的简单句子，但却很难表达自己。
- 比利的注意力持续时间相当短。
- 故事必须简单而短小，才能吸引住比利的注意力。

| 重复
| 押韵 | - 避免语言重复，因为比利的注意力持续时间太短。
- 语句要简短明确。
- 语言的节奏、字句的韵律也许更能抓住比利的注意力，还可以让故事更为有趣。

| 插图 | - 可以使用不过于抢眼的简笔插图，插图不要混排在文本当中（放在文字的一侧比较好），这样可以帮助比利更容易理解故事。
文字应该足够大，以便比利更轻松地阅读。

第五步：为孩子量身定制

偏好
比利喜欢空间充足的环境，不喜欢待在密闭的地方。

天分
比利的歌唱得不错，当他心情好的时候就爱唱"一闪一闪亮晶晶……"因此我们可以尝试着将故事编成一首歌。

经历
之前比利和妈妈一起乘坐校车时，在整个途中都系好安全带。

为孩子
量身定制

兴趣
比利非常喜欢自己那只名叫"豆豆"的玩具熊，在情绪崩溃时，玩具熊可以让他平静下来。

关系
比利和妈妈非常亲近，但在校车里，他没有亲近的朋友。

第六步：七种句型

描述	· 我每天坐校车去上学和回家。 · 校车上每个人都系着安全带。 · 安全带保证了我的安全。
观点	· 如果我系好安全带，妈妈会很高兴。
指导孩子	· 我将会在校车上系好安全带。
指导团队	· 辅助老师会帮助我系好安全带。
自我指导	· 我系好安全带之后可以摸玩具熊的耳朵。
肯定	· 系好安全带真棒。 · 我以前系过安全带，我现在也能做到！
部分肯定	

第七步：确定叙事人称和词汇的五要素

让故事以耐心平和的语气来展现，需要的要素包括：

以第一人称或者第三人称为视角	· 确保所有句子中不能有"你 / 你的"。 例如："我每天乘坐校车上学和回家。" "每个人都在校车上系好安全带。"
正面且平和的语调	· 确保不用第一人称的视角来描述孩子的负面行为。 · 一定要使用赞赏性的句子！ 例如："如果我不系好安全带，妈妈会生气。" ✗ "有时候，有的孩子不系好自己的安全带，这很危险。如果我系好我的安全带，妈妈会很高兴！" ✓
过去、现在和将来时	· 由过去的事件推导到将来。 过去的事件："我以前系过安全带，我现在也能做到！" 将来的事件："我将会在校车上系好安全带。"
文字精准	· 确保每句话的用词都最为清晰，不需要孩子去猜测文字背后的隐含意思。 例如："安全带保证了我的安全。"
准确而平和的词汇	· 使用积极的语言。 不要使用："如果我不系好安全带，妈妈会生气。" ✗ 应该写成："如果我系好安全带，妈妈会高兴！" ✓ · 选择不易被误解的动词。 不要使用："校车上每个人都有一条安全带。" ✗ 应该写成："校车上每个人都系着一条安全带。" ✓

现在你可以按照上面的表格内容来编写自己的社交故事了！
提示：不一定要把每一行全都填写好，个别行空着也无妨。

描述	· 我每天坐校车去上学和回家。 · 校车上每个人都系着安全带。 · 安全带保证了我的安全。
观点	· 有时候，有的小朋友不系好自己的安全带，这很危险。
指导孩子	· 我将会在校车上系好安全带。
指导团队	· 校车司机或辅导老师会帮助我系好安全带。
自我指导	· 我系好安全带之后可以抚摸玩具熊的耳朵。
肯定	· 系好安全带真棒。 · 我以前系过安全带，我现在也能做到！ · 如果我系好安全带，妈妈会高兴！
部分肯定	

第八步：三大部分和一个标题

在这个故事里，按照儿歌"一闪一闪亮晶晶"的曲调来填词编写。最后，再加一个标题。

系好我的安全带

我每天坐校车上学。

安全带保证了我的安全。

我会系好安全带。

妈妈会为我骄傲。

我有小熊豆豆陪着我。

系好安全带会让我很开心。

第九步：GR-8 公式

可以使用你上面编写好的社交故事（或者儿歌）了。检查一下，看看在这个故事中描述性的内容是不是多于指导性的内容。

描述句数量 + 观点句数量 + 肯定句数量 = 描述性的句子数量。
在下面的例子当中，用红色标出的是描述性的句子。

指导孩子的句子数量 + 指导团队的句子数量 + 自我指导的句子数量 = 指导性的句子数量。
在下面的例子当中，用蓝色标出的是指导性的句子。

社交故事要求编写的内容中，描述性的句子数量至少应为指导性的句子数量的两倍。

在前面我们编写的故事例子中，含有 4 个描述性的句子和 2 个指导性的句子：

我每天坐校车上学。　　　　　（描述性的）

安全带保证了我的安全。　　　（描述性的）

我会系好安全带。　　　　　　（指导性的）

妈妈会为我骄傲。　　　　　　（描述性的）

我有小熊豆豆陪着我。　　　　（指导性的）

系好安全带会让我很开心。　　（描述性的）

一个新的例子

门

到处都有门。

门是用来走进来的。

门是用来走出去的。

我只在需要走进走出时才去碰门。

我在穿过门的时候握住自己的双手。

我可以控制我自己!

高阶的社交故事

（此处放上孩子的照片）

说与听

我是玛丽·威尔逊。我最喜欢的歌手是卡丽·安德伍德（Carrie Underwood）、米兰达·兰伯特（Miranda Lambert）和布拉德·佩斯利（Brad Paisley）。我很喜欢听他们的歌。有时，我会向我的朋友们谈起他们，并用手机播放他们的歌曲。

但是，每个人都有各自不同的兴趣！我们所有人都有自己喜欢的东西。这很正常。

有时，我的朋友可能不会直接告诉我，他们对我谈论的东西不感兴趣。他们可能会不再回应我，或者开始四处张望。

当这种情况发生时，也许正是一个好时机，我可以停下来，而让朋友开始说。我可以问我的朋友："你想谈点儿什么吗？"我可以试着听朋友谈论他们喜欢的事情。这样我们就可以更多地彼此了解。

当朋友问我喜欢的东西时，我会感到很开心。而当我问他们喜欢的东西时，他们可能也会很高兴。

每个人都轮流谈论自己喜欢的事情，这是礼貌。

我可以做一个良好的倾听者！

  愤怒管理辅助工具

 愤怒管理辅助工具是什么？

- 愤怒管理的目的是为了减少消极情绪。

- 孩子越能够冷静地表达自己的愤怒，也就越不可能爆发愤怒。

- 我们可以使用愤怒管理辅助工具来帮助孩子识别自己的愤怒等级，并学会更好地管理愤怒。

 指导原则

- 与孩子坐下来，一起讨论他的愤怒体验和愤怒等级。

- 和孩子讨论，并建议他可以采取哪些步骤来管理自己不同等级的愤怒。

- 此外，我们需要观察孩子发脾气的情况，记录那些诱发因素。

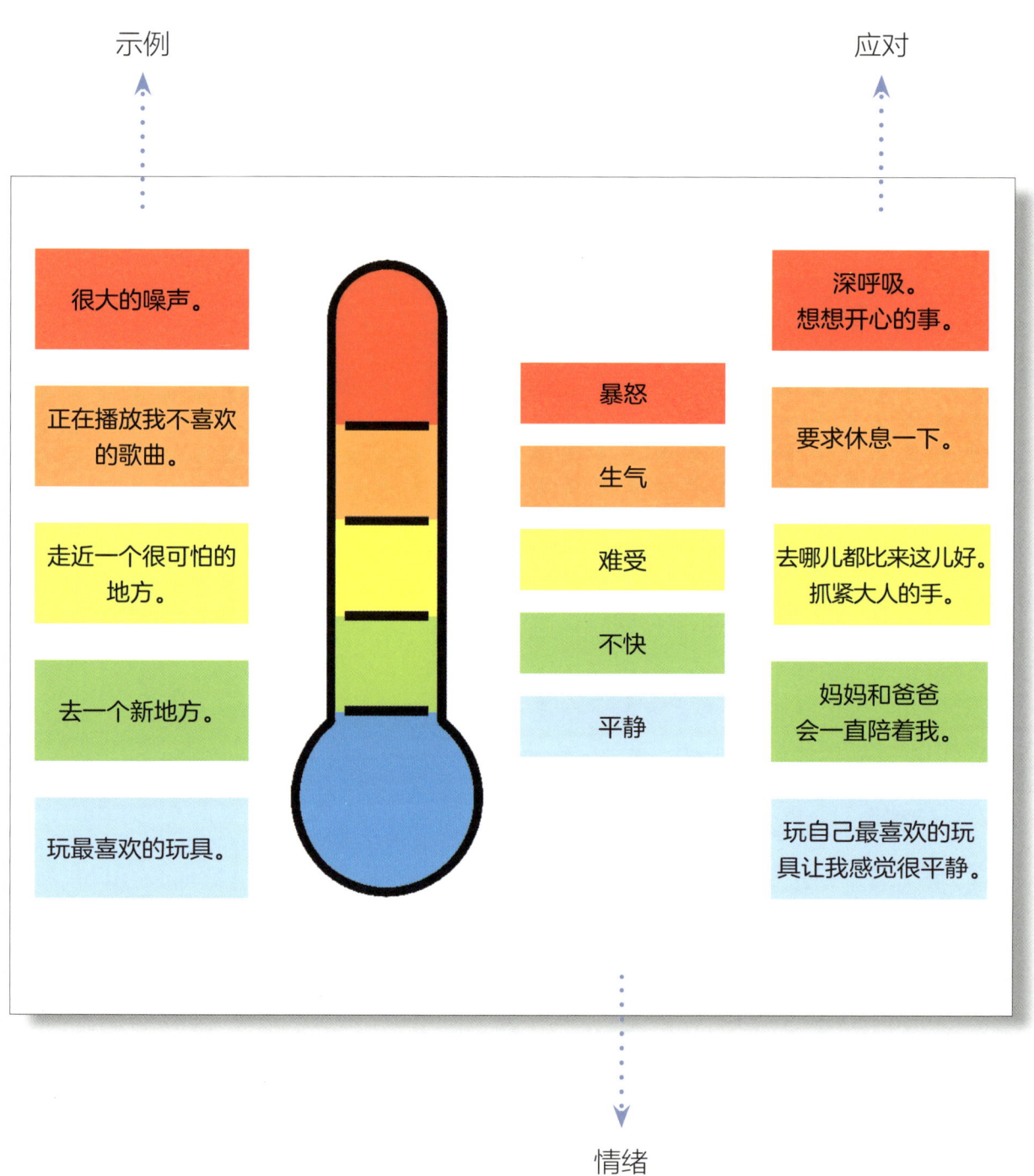

愤怒管理辅助工具范例

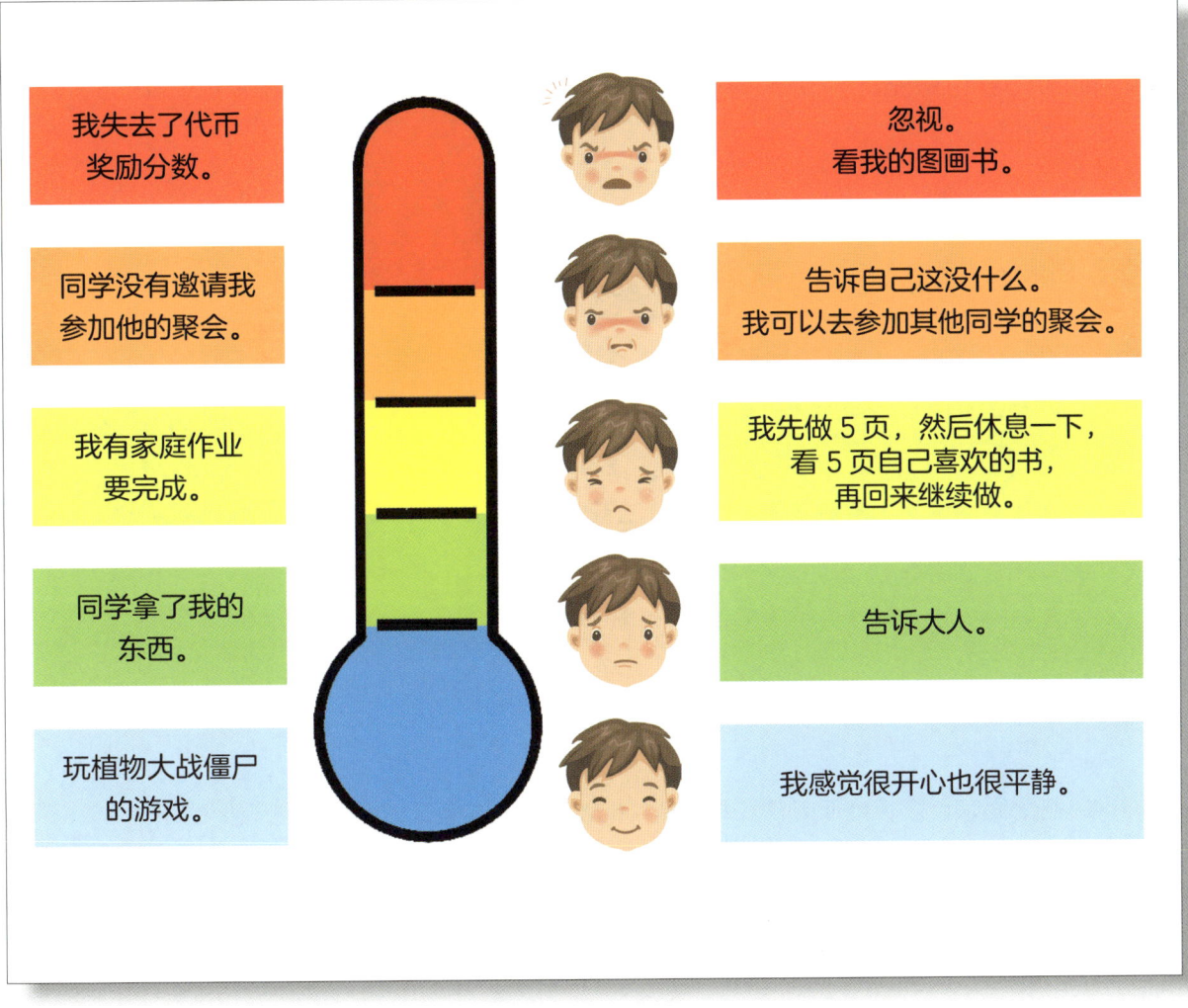

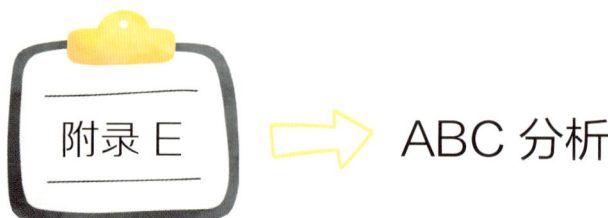

附录 E → ABC 分析

前提（**A**ntecedent）- 行为（**B**ehavior）- 后果（**C**onsequence）

前提 / 诱因 可能包括：

- 内部诱发因素，如疾病、饥饿或疲劳。

- 感觉上的诱发因素被触发，如刺激过多或过少（例如：噪声太大、太无聊）。

- 缺少结构化支持或者缺少视觉化支持而带来的困惑。

- 困难的任务或者要求苛刻的任务，如课业。

- 想要的东西被拒绝而无法获取（例如：必须等待或者无法获得自己想要的东西）。

- 自尊心受损，例如犯了错误，输掉比赛，被嘲笑或者被批评。

- 希望得到关注但未得到（例如：被忽视或者试图成为关注焦点）。

观察者：_____　　被观察的学生：_____

观察日期：_____

前提 （Antecedent）		行为 （Behavior）	后果 （Consequence）	
任课教师	同学们	被观察学生	任课教师	同学们

译 后 记

这是一本"PPT 式"的指导小册子，非常适合于刚刚准备接受影子老师这项任务的新手阅读学习。

在此之前，我们翻译了一本来自日本的《影子老师实战指南》（华夏出版社于 2021 年出版），那本书更系统、更细致地讲解了影子老师的种种 ABA（应用行为分析）实战操作。而现在这本是来自新加坡和美国专业人员写的指导手册，框架内容与前一本总体上非常一致。可以看出，在如何更好地支持特殊需要儿童融入集体环境的实践过程中，不同国家、不同文化环境下，却有着成熟一致的科学思路和有效做法。尽管这本书里没有直接提及 ABA 的原理和技术，但专业人员一看便知书中所给出的支持方案几乎全是基于行为干预的实用操作。

融合教育理念已经越来越普及了，但是对于特殊需要儿童初入集体环境时应该如何提供具体的现场支持，以目前的国情来说尚缺乏足够的现实条件。很多观念、策略和方法，包括影子老师的实践，都还处于起步阶段。无论是心急的陪读家长，还是新入行的特教老师，或是那些接纳特殊需要孩子的普通老师，对于现场支持的具体任务和工作方案了解得并不充分，有时会手忙脚乱，不能清晰地定位各自的职责任务，面对可能出现的各方矛盾冲突时，也常常会不知所措。这本书正是可供快速翻阅，寻找对策的指导手册，可以为那些新手提供全面、简明且清晰的指引。这本书很适合家长在孩子入学初期分发给集体环境中会接触孩子的周围支持者，让大家能够快速地了解情况，统一思路，运用一致的帮助策略，从而为孩子创造出最佳的融合环境。

秋爸爸 任文心

图书在版编目（CIP）数据

学校影子老师简明手册 /（新加坡）廖越明（Alex Liau W.M.），（美）杰德·贝克（Jed Baker）著；秋爸爸，任文心译 . -- 北京：华夏出版社有限公司，2023.3（2025.7 重印）

书名原文：School Shadow Guidelines

ISBN 978-7-5222-0348-5

Ⅰ.①学⋯ Ⅱ.①廖⋯ ②杰⋯ ③秋⋯ ④任⋯ Ⅲ.①特殊教育－师资培训－手册 Ⅳ.① G760-62

中国版本图书馆 CIP 数据核字（2021）第 101710 号

© Nurture Pods Pte Ltd 2013
Permission for this edition was arranged through Future Horizons.
© 华夏出版社有限公司　未经许可，不得以任何方式使用本书全部及任何部分内容，违者必究。

北京市版权局著作权合同登记号：图字 01-2021-5258 号

学校影子老师简明手册

作　　者	[新加坡]廖越明　[美]杰德·贝克
译　　者	秋爸爸　任文心
责任编辑	张红云
出版发行	华夏出版社有限公司
经　　销	新华书店
印　　装	三河市万龙印装有限公司
版　　次	2023 年 3 月北京第 1 版　2025 年 7 月北京第 2 次印刷
开　　本	787×1092　1/16
印　　张	4.75
字　　数	66 千字
定　　价	39.00 元

华夏出版社有限公司
网址：www.hxph.com.cn　地址：北京市东直门外香河园北里4号　邮编：100028
若发现本版图书有印装质量问题，请与我社营销中心联系调换。　电话：（010）64663331（转）